Interpretacion Cognoscitiva de Los Sueños

INTERPRETACION COGNOSCITIVA DE LOS SUEÑOS

Un estudio longitudinal de diez años.

Dr. Gerardo Rodríguez-Capote

Número de Control de la Biblioteca del Congreso de EE. UU. :   2013920656
ISBN: Tapa Dura   978-1-4633-7284-2
                   Tapa Blanda   978-1-4633-7286-6
                   Libro Electrónico   978-1-4633-7285-9

Para realizar pedidos de este libro, contacte con:
Palibrio LLC
1663 Liberty Drive, Suite 200
Bloomington, IN 47403
Gratis desde EE. UU. al 877. 407. 5847
Gratis desde México al 01. 800. 288. 2243
Gratis desde España al 900. 866. 949
Desde otro país al +1. 812. 671. 9757
Fax: 01. 812. 355. 1576
ventas@palibrio. com
506793

ÍNDICE

"BUSCANDO EL BIEN DE NUESTROS SEMEJANTES,
ENCONTRAMOS EL NUESTRO".

PLATON

A mis padres y mi tía,
que me enseñaron
a amar,
sin esperar recompensa alguna.

"EL HOMBRE JUSTO,
TIENE UN JUEZ INTERNO
QUE LO SUPERVISA".

GERARDO RODRIGUEZ-CAPOTE

BIOGRAFIA DEL AUTOR

Mi nombre es Gerardo Rodríguez-Capote. Nací el 11 de Agosto de 1937 en un pueblo de campo en la provincia de La Habana en Cuba.

A los 9 meses de nacido murió mi padre en un accidente. Mi madre y mi tía nos criaron a mi y mis hermanos.

Desde muy joven participé en la lucha clandestina contra el dictador Fulgencio Batista. En el 1959 me incorporé en la lucha clandestina contra la dictadura comunista de los Castro. Milité en el Movimiento de Recuperación Revolucionaria (MRR), como Coordinador de La Habana Campo.

El 17 de Abril de 1961 fuí detenido y enviado a los fosos del Castillo del Morro, cuando pretendía unirme a la Brigada 2506 en Playa Girón. Después de liberado me incorporé nuevamente en la reorganización del MRR en La Habana Campo.

Fuí detenido nuevamente durante la "Crisis de los Cohetes" en Octubre de 1962.

Finalmente el 14 se Abril de 1963, durante una acción contra la dictadura comunista, me encarcelaron y condenaron a 9 años de prisión en la causa 327-63, en la que aparezco sólo por no haber delatado a mis compañeros.

Después de varios dias incomunicado en las celdas del G2 (Servicio de Inteligencia de la tiranía) fuí trasladado a los Incomunicados de La Cabaña en la galera #1, que estaba tapiada con una plancha de acero. Allí había un sólo preso: Ricardo Olmedo Moreno, Segundo jefe del ataque a Palacio, durante la dictadura de Batista. El fué para mi un ejemplo de valentía y dignidad. Me comentó que nos habían separado de los demás presos, porque nos querian fusilar. Después de unos días me sacaron a mi. Olmedo fué asesinado el 30 de Mayo de 1963 sin jamás claudicar de sus principios.

Al cumplir mi condena de 9 años fuí juzgado nuevamente por mi actitud de rebeldía y por no aceptar el plan de rehabilitación. Me condenaron a un año de trabajo forzado que fué suspendido debido a mi estado de salud.

El 5 de Mayo de 1980 llegué a Miami con mi esposa y dos niños. Yo tenía otro hijo en Miami que nació estando yo preso. Lo dejé de ver a los 4 años y lo volví a ver a los 17 años.

Estudié en ST. Thomas University y obtuve un Bachelor en Psicología. Después obtuve el Master en Psicología en Caribbean Center for Advanced Studies. Finalmente obtuve el Doctorado en Psicología Clinica (Psy. D) en Carlos Albizu University (1995).

Mi tesis doctoral: "Treatment Modality For The Chronic Homeless: A Case Study"

He trabajado en varias instituciones mentales y Crisis de Miami por más de 25 años.

Therapist, Aftercare Unit, Miami Mental Health Center.

Therapist, Drug & Alcohol, Criminal Justice Program.

Therapist, South Florida Evaluation Treament and dade Corrections Facility.

Social Worker II, Homeless Program, New Horizons.

Therapist, Out-Patient Unit, New Horizons, CMHC.

Case Manager Supervisor Under the I-395, Miami Colition for the Homeless.

Clinical Director, Medical Psychiatric and Psychological Services, Miami.

Support Coordinator, Department of Healt and Rehabilitative Services (HRS)

Psychologist for the Professional Services at New Horizons.

Clinical Supervisor, Advanced Counseling Services, CMHC.

Quality Assurance, Golden Health Rehabilitation Center, CMHC.

Carrfour, Rivermont House, Services Coordinator.

Carrfour, Wynwood, Assistant Director.

Carrfour, Rivermont House, Assistant Director.

"YO SIENTO MIEDO,
PERO SE CONTROLARLO"

RICARDO OLMEDO MORENO
FUSILADO EL 30 DE MAYO DE 1963,
EN LA CABAÑA, HABANA, CUBA.
JAMÁS CLAUDICO DE SUS PRINCIPIOS

PROLOGO

Durante muchos años los sueños y las pesadillas han sido motivo de interpretaciones "las cuales pueden variar de acuerdo a los valores culturales". (DSM-IV) pag. 581. Nightmare Disorder (307. 47).

"Algunas culturas asocian los sueños a factores espirituales y fenómenos sobrenaturales "(DSM-IV) Pag 581.

En lo adelante utilizaremos el término sueño para cubrir todas sus manifestaciones, sean estas placenteras o desagradables.

Desde los inicios de la civilización las interpretaciones de los sueños han alentado las deducciones cabalísticas, manipuladas por magos, brujos, etc. No vamos a discutir teorías que no tengan un valor científico porque confundiriamos al lector embriagándolo en un mundo metafísico que no le crearía ningún beneficio.

Mi objetivo es llegar al lector de una manera sencilla y directa, con datos científicos valorados por la experiencia en la práctica y más de 10 años realizando el presente estudio.

Espero que con esta introducción quede claro el objetivo del autor y sirva para esclarecer las causas que motivan los sueños, razgando el velo mágico de lo sobrenatural, con lo que tantos inescrupolosos se han beneficiado en detrimento de la salud de los demás.

El sueño es un mecanismo natural del organismo y como tal debemos estudiarlo. Esperamos les complazca y beneficie el presente estudio.

La Interpretación Cognoscitiva de los Sueños es un método sencillo y práctico que puede educarnos a interpretar nuestros sueños sin el subjetivismo de otra persona. La pureza de la interpretación se puede contaminar con los prejuicios del otro, aún siendo este un profesional.

En mis años de estudiante pude observar como algunos terapeutas se inclinaban al análisis de los sueños dándoles casi siempre una connotación sexual, que en la mayoría de los casos estaba más relacionada con el profesional que con el paciente.

Cuando depositamos en manos de otra persona la interpretación de nuestras percepciones nocturnas, le estamos también estimulando sus experiencias, miedos y deseos. La gran diferencia es cuando el terapeuta sirve de Facilitador o Catalizador para ayudar al paciente a interpretar sus percepciones y motivaciones sin prejuicios ajenos. Según La Gestalt, el que sueña es el autor de sus sueños y es él quien debe interpretarlo.

El que sueña conoce sus propias experiencias, miedos y deseos que pueden estar relacionados con su sueño.

Generalmente, las personas se sienten confundidas con sueños que tienen relación con su niñez o con personas fallecidas hace años. Esto sucede porque no logran conectar sus experiencias pasadas con el sueño presente.

Cuando preguntamos en que manera esta percepción esta unida al presente, no encuentran momentáneamente, la conexión que la estimuló o se niegan a buscarla como un mecanismo de defensa. Es en ese instante cuando el terapeuta debe estimular la Interpretación Cognoscitiva del Sueño, separando las diferentes partes del mismo y parafraseando su contenido para que el soñante encuentre por sí mismo el detonador que asoció su estímulo presente con sus experiencias pasadas. (Estímulo-Respuesta).

Analizando cognoscitivamente nuestros sueños, vamos a comprender, que los sucesos o pensamientos de la noche anterior, estimularon una emoción guardada desde algún tiempo en nuestra memoria. No vamos a soñar exactamente lo que escuchamos u observamos. Vamos a soñar con nuestras experiencias pasadas, que son las que conocemos. No podemos soñar con algo que no hayamos visto antes. Soñamos con preocupaciones, miedos, deseos e incluso con cosas de la vida cotidiana sin motivación alguna. Relacionamos nuestras experiencias con lo que percibimos anteriormente.

Según el doctor Charles p. Pollak, director del Centro para la Medicina del Sueño del Weill Cornell Hospital de Nueva York, los bebés sueñan durante la fase REM, que es donde se desarrollan la mayoría de los sueños.

después de esto, los lectores pensarán que si los niños sueñan, ¿donde están las experiencias y estímulos que los vinculan con lo soñado ? Desgraciadamente, no sabemos lo que los niños sueñan, aunque existen teorías. El filósofo John Locke, escribió que la mente humana es una tabula rasa al nacer. "Un lienzo blanco en el que la experiencia escribe". Según esta teoría nuestras experiencias forman nuestra personalidad.

En la actualidad hay teorías que afirman que los niños nacen con experiencias sensoriales, las cuales son esenciales para el desarrollo físico, emocional e intelectual del bebé.

Además, debemos agregar que las madres que han sufrido traumas, enfermedades físicas y emocionales, uso de alcohol, tabaco, y drogas, pueden crearle problemas al feto.

Las experiencias acumuladas en el vientre materno también influiran en el desarrollo del recien nacido. Hoy sabemos que la música suave, el ambiente agradable, el amor, y el tacto paternal estimulan los sentidos del niño.

Sin más preámbulo, entremos como el cirujano con el bisturí en la mano para despejar los caminos incorrectos, llenos de asociaciones erróneas y brindarles una solución fácil y científica que los hará vivir sin miedos irracionales y anacronísmos que sólo sirven para el lucro del obscurantismo e infelicidad de otros. Además, revisaremos brevemente, conceptos de diferentes escuelas que sí tienen un valor investigativo serio y útil, aunque en algunos casos sus teorías deben ser revaluadas y actualizadas.

TE PUEDES ESCONDER DE TODOS,
PERO NO TE PUEDES ESCONDER DE TI MISMO.

DR. GERARDO RODRIGUEZ-CAPOTE

CAPITULO I

RESUMEN HISTORICO DE LA INTERPRETACION DE LOS SUEÑOS

Mucho antes de Jesucristo y depués de Jesucristo, hasta nuestra época, las personas que decian tener el poder de comunicarse con los muertos y predecir el futuro a través de los sueños, gozaban de admiración y respeto. La Biblia recoge estos hechos.

En épocas pasadas, los reyes se asesoraban de los "privilegiados" que podían tener estos dones. Todavía en nuestros tiempos existen dirigentes que han llenado de privilegios a sus "asesores espirituales" para que los ayuden a gobernar y además los protejan.

En este estudio se pretende demostrar que esto no es cierto. Aunque debemos aclarar que nuestro objetivo primordial no es descalificar creencias, sino beneficiar a los que atados a mitos arcáicos han tenido una vida miserable y llena de miedos irreales.

En este trabajo sólo mencionaremos brevemente estudios serios que se han realizado desde la antigüedad, hasta el presente.

A lo largo de la Historia los sueños han despertado gran interés en los hombres. La Antropología proporcionó amplios aportes a los pueblos primitivos que fueron continuados posteriormente por las primeras civilizaciones hasta llegar al Romanticismo y el Materialismo del siglo XIX, que concluyeron con los análisis freudianos y el descubrimiento del sueño REM en la mitad del siglo XX, el cual comentaremos en el capítulo II.

En la Antigüedad los griegos manisfestaron un amplio interés por el conocimiento de los sueños y la fenomenología onírica. Surgieron muchos estudios sobre estos temas los cuales fueron analizados por vias diferentes:

1) La Racionalista, que se basa en estudios filosóficos y científicos, enfocando el problema desde una óptica fisiológica.

2) La Oniromántica la cual se enfoca en predecir el futuro por medio de la interpretación de los sueños.

En el Génesis de La Sagrada Biblia se relatan los sueños onirománticos de José. Sus hermanos lo odiaban por ser el hijo preferido de su padre y por sus habilidades para interpretatr los sueños. Por ello lo apodaron el Soñador. Más tarde lo vendieron como esclavo y fué conducido a Egipto donde Putifar eunuco del faraón, lo compró a los ismaelitas.

Estándo preso, José obtuvo beneficios de su carcelero y del faraón, quienes les otorgaron privilegios por interpretar sus sueños.

Con poderes, el faraón lo colocó al frente de su casa. "todo mi pueblo se someterá a tu palabra, sólo por el trono seré yo más grande que tú".

Esta práctica aún continúa en la actualidad. Brujos, cartómanos, magos, etc, siguen prediciendo el futuro a través de los sueños y personas muertas. Prometen resolver todos los problemas amorosos, financieros, de salud, etc, para inescrupolosamente esquilmar a los creyentes.

Existen múltiples sistemas para predecir el futuro. Unos más burdos y otros más sofisticados, pero todos con el mismo fín. El horóscopo se encuentra entre los más populares. No voy a elaborar en su definición porque desmentir su veracidad es fácil. Si escogemos un signo cualquiera, notarás que te sirve igual que el tuyo. Todos los signos le sirven a todas las personas.

ARTEMIDORO DE DALDIS

Vivió II D. C

ARTEMIDORO DE DALDIS

Artemidoro vivió en el siglo II D. C., en la Antigüa Grecia. Escribió una de las obras más completas y voluminosas que se conoce sobre la interpretación de los sueños.

Según Artemidoro, su interpretación onírica se basa en identificar lo que soñamos a través del "símbolo" y asociarlo con nuestra realidad actual para pronosticar la conexión del sueño con el soñador.

Para lograr su objetivo usaba la metodología de la interrogación, conversando ampliamente sobre la vida personal del soñador. Con esta información, con juegos de palabras de doble sentido y consultando los sueños anteriormente narrados, Artemidoro, llegaba a conclusiones analíticas que pretendían descifrar los sueños.

Mi discrepancia con este método, similar al freudiano, es principalmente con el símbolo, utilizado para predecir e interpretar los sueños. Además, su interpretación onírica es subjetiva, mágica y primitiva.

Artemidoro, aplicaba la analogía inversa, afirmando que soñar con vomitar, era un buen augurio para los enfermos. Soñar con lo amargo podía significar cosas agradables y soñar con lo dulce cosas desagradables. Soñar con la vida significaba muerte y con la muerte vida.

La interpretación onírica de los sueños de Artemidoro basada en cábalas y en la capacidad de predecir el futuro, lo excluyen totalmente del enfoque científico. Sin embargo, su tratado es una obra gigante de recopilación de teorías oníricas anteriores. Probablemente su obra sea, la obra más grande de la antigüedad que se conozca sobre la interpretación de los sueños: La

"Oneirocrítica". Una recolección e interpretación de cerca de cuatro mil sueños.

Su teoría ha servido de base para estimular otros estudios. Después de varios siglos Sigmund Freud, siguió por el camino de Artemidoro, enfatizando el simbolismo como la base primordial de su análisis. Sin embargo, Freud no interrogaba al soñante. El los estimulaba a hablar para que ellos mismos llegaran a interpretar sus sueños a través del símbolo.

Finalmente, Artemidoro, no descartaba la idea de que los sueños tuvieran relación con Dios. También nos decía, como casi todos los escritores, que el sueño había que interpretarlo por partes, independizando sus símbolos y no analizándolo en su conjunto.

Desde mi punto de vista, en la estructura y contenido del sueño, se pueden identificar creencias, personalidad e incluso, problemas mentales.

Sin embargo, el símbolo no podrá descifrar con objetividad el contenido de un sueño, ni predecir el futuro.

EJEMPLOS DE LA ANALOGIA INVERSA

De acuerdo a esta teoría, los sueños relacionados con cosas desagradables, generalmente, son augurios de prosperidad y felicidad.

Soñar con:

Caca .... Significa : Dinero, salud, amor.

Cuchillo .... Significa : Noticias de seres queridos.

Sangre .... Significa : Que se cumplirán todos tus deseos.

Muerte .... Significa : Vida, boda, nacimiento.

Tumba..................... Significa : Boda, larga vida, felicidad.

Cadaver .... Significa :Felicidad, salud, larga vida.

Sarna .... Significa : Una persona mayor que se quiere casar con el o ella.

Pena .... Significa : Consuelo rápido de sus sufrimientos.

Herida..................... Significa : Exito en negocios y en la vida social.

Vomitar .... Significa : Salud para los enfermos.

Todo lo contrario sucede, cuando se sueña con cosas agradables.

Vida .... Significa : Muerte.

Comida con carne .... Significa : Enfermedades graves.

Caramelos .... Significa : Cosas amargas, injurias.

Besos .... Significa : Infidelidad.

Cantar.................... Significa : Impotencia.

Dientes.................. Significa : Muerte.

"NO HE PODIDO HALLAR JAMAS
NADA QUE CONFIRMARA
UNA NATURALEZA
PROFETICA DE LOS SUEÑOS."

SIGMUND FREUD

SIGMUND FREUD

1856-1939

SIGMUND FREUD

Durante el siglo XX, Sigmund Freud, con su teoría de la interpretación de los sueños, fué la figura cimera de estos estudios.

Sus conceptos trajeron un cambio radical en los métodos utilizados por los que estudiaban la mente humana. Con Freud comienzan el psicoanálisis y las terapias que buscaban las emociones reprimidas en el subconsciente, para esclarecer los problemas emocionales manifestados por el paciente.

Freud planteaba, que durante el sueño las emociones que están en el subconsciente pueden subir a la superficie consciente, con imágenes o símbolos, que se encuentran en los diferentes fragmentos del sueño, que es donde radica la revelación de la actividad subconsciente de la mente.

También afirmaba, que los sueños son deseos reprimidos que se pueden descifrar, descomponiéndolos en partes y uniéndolos al final, para revelar el deseo oculto en el inconsciente.

Según Freud, los sueños no se manifiestan directa y claramente debido a la auto censura que el sujeto ejerce sobre los deseos censurables y por eso se disfrazan a través de los símbolos. El objetivo primordial de su terapia era hacer consciente lo inconsciente.

Para Freud, el inconsciente es lo desconocido, lo inaccesible donde se almacenan todas las experiencias vividas, las emociones y los deseos que no podemos justificar.

El Preconsciente, contiene los recuerdos latentes que pasan a la consciencia espontánea.

El Consciente es el resultado de las estimulaciones externas, las experiencias internas reanimadas, o la combinación de ambas.

Apartándose por completo de la interpretación onírica, Freud, enfatizó que el análisis de los sueños es la base fundamental del psicoanalisis: "Parecíame inadecuado y casi escándaloso presentarme en calidad de "onirocrítico" ante personas de esta nación, orientadas hacia fines prácticos, sin previamente hacerles saber la importancia a que puede aspirar tal anticuado y ridiculizado arte. La interpretación de los sueños es, en realidad, la Via Regia para llegar al conocimiento de lo inconsciente y la base más firme del psicoanalisis". (Sigmund Freud, Obras Completas, Vol. II, 1948)

En su conferencia pronunciada en Clark University de Los Estados Unidos, Freud le restó valor al uso de la teoría onírica como factor profético del futuro. "Por mi parte confieso que no hallo necesidad de hipótesis mística ninguna para cegar las lagunas de nuestro actual conocimiento y que, por tanto, no he podido hallar jamás nada que confirmara una naturaleza profética de los sueños". (Sigmund Freud, Obras Completas, Vol. II, 1948)

Freud también afirmó que el contenido de los sueños es claramente comprensible porque está "ligado a las impresiones del día anterior" y nos revelan un deseo insatisfecho.

De acuerdo, pero agregaría que esas impresiones del día anterior, también pudieran mostrarnos miedos y reflejos distorsionados de la vida cotidiana, basados en nuestras experiencias.

Analizando sus propios sueños, Freud descubrió, que lo soñado tenía que ver con sus recuerdos lejanos o recientes. Lo cual podemos resumir, como sus experiencias pasadas o presentes.

Finalmente, tanto Artemidoro como Freud hicieron grandes aportes al análisis de los sueños. Sus conceptos necesitan ser actualizados, pero sus obras pioneras, seguirán motivando a los estudiosos a descifrar el enmadejado mundo de los sueños.

ALFRED ADLER

1870-1937

ALFRED ADLER

Alfred Adler, nació el 7 de Febrero de 1870 en Viena. Desde 1902 fué un fiero defensor de las ideas de Freud, aunque en el 1911, mostró sus diferencias con la teoría sexual.

En ese mismo año anunció la ruptura total con las teorías psicoanalíticas y publicó, El Carácter Neurótico, estableciendo los cimientos de la Psicología Individual.

Adler planteaba, que los sueños guiados por el inconsciente, eran intentos por resolver un problema presente. Diferenciándose de Freud, quien afirmaba, que los sueños eran deseos inconscientes que se manifestaban a través del símbolo. Sin embargo, ambos coincidian al clasificar los sueños como una representación del inconsciente. Para Adler, era más importante el énfasis que la persona le daba a ciertos fragmentos recordados del sueño, que el relato detallado de todo lo soñado. Subrayando, que las emociones que desataban el sueño eran el factor principal para interpretar lo soñado.

Adler afirmaba que los sueños eran intentos de la persona por dominar situaciones primordiales, que reflejaban actitudes inconscientes frente a la vida. También afirmaba que el sueño se presenta de forma simbólica, a través de metáforas y que los sentimientos que provocaron el sueño eran más importantes que lo que se había soñado. Para Adler, el estilo de vida era quién guiaba la solución del problema. "El Estilo de Vida es el señor de los sueños, siempre despertará los sentimientos que el individuo necesita". (Adler 1933, El Sentido de la Vida)

Señaló que el estilo de vida propugnaba un sentimiento de comunidad y de racionamiento consciente, a través de diferentes procesos:

1) Selección tendenciosa de imágenes.

2) Selección de procesos simbólicos y metafóricos.

3) Transformación de problemas vitales y reales en metáforas.

En el 1931 Adler, resumió la concepción de los sueños en su publicación, Psicología Individual y Psicoanálisis, de la siguiente manera:

1) El sueño es un intento de resolver un problema presente.

2) La persona sueña para auto engañarse y no entender mediante su razón lógica y racional (sentido común) la auténtica finalidad y sentido inconsciente de su estilo de vida.

3) Junto al autoengaño, la finalidad y función del sueño es crear un estado de ánimo que favorezca el Estilo de Vida ajeno, al Sentido Comunitario, en el intento de dar o proponer una solución al problema en cuestión.

4) El sueño se sirve de varios procesos o mecanismos para su funcionamiento metafórico y simbólico, regidos por el estilo de vida: La selección de imágenes, la selección de símbolos comunes o semejantes y la simplificación de los problemas. (Adler 1931, Psicología Individual y Psicoanalisis)

"LA PSICOTERAPIA Y LOS ANALISIS
SON TAN DISTINTOS
COMO LOS MISMOS INDIVIDUOS".

CARL G. JUNG

CARL JUNG

1857-1961

CARL GUSTAV JUNG

Carl G. Jung nació el 26 de Julio de 1875 en Suiza. Fué colaborador de Sigmund Freud, aún estando en desacuerdo con su teoría sexual sobre la neurosis.

Jung también rechazó la teoría de Freud, afirmando que las imágenes del sueño no ocultan deseos insatisfechos, sino funciones educativas y compensadoras. Por tanto, rechazó la idea de que los sueños surgen debido a conflictos internos. También rechazó la idea de que los sueños sirven para profetizar el futuro. Jung afirmó que "los sueños cuya función prospectiva había sido altamente valorada por las supersticiones de todas las épocas y de todos los pueblos. Habrá en ello mucha verdad. No hasta tal punto de atrevernos a atribuir a los sueños el valor profético" (Teoría del Psicoanálisis, C. G. Jung, 1978).

Además, Jung Fundó la Psicología Analítica, que enfatiza el poder del inconsciente, la personalidad introvertida y extrovertida.

Para Jung existen dos tipos de inconsciente :

1) El Inconsciente Personal, basado en la memoria individual, que contiene las vivencias y experiencias individuales.

2) El Inconsciente Colectivo, construido sobre los símbolos y conceptos universales. Por ejemplo, los mitos, religiones, cultura, etc. Llamados por Jung, "arquetipos".

El afirmaba que los sueños regularmente aparecían en cinco arquetipos:

1) La persona. Lo que el individuo y los demás piensan que él es, basándose en la apariencia que él presenta.

2) La sombra. Lo que el individuo no quiere ver, ni quiere que los demás conozcan. Defectos, malas experiencias, etc.

3) El alma. Representada por dos figuras. Una masculina y otra femenina, manifestadas en los sueños, como "animus" la masculina y "anima" la femenina. La masculina es la fuerza racional y la femenina la fuerza intuitiva e imaginativa.

4) El Espíritu. Surge en los momentos difíciles y decisivos. En los sueños se representan con imágenes de autoridad atávicas como los magos, dioses, patriarcas, etc.

5) El Si-Mismo. Representa la totalidad del Hombre. Es la figura central del arquetipo y puede estar representada en los sueños por niños o mujeres embarazadas.

La teoría de Jung sobre el análisis de los sueños y su interpretación han sido herramientas valiosas para descifrar la sintomatología psicótica.

Jung afirmaba que" la psicoterapia y los análisis son tan distintos como los mismos individuos". (C. G. Jung, 1978)

También enfatizó la individualidad de cada tratamiento, afirmando que cada persona era distinta, con experiencias distintas y debía ser tratado con un lenguaje distinto.

Como el objetivo de este capítulo es resumir en pocas palabras la interpretación histórica de los sueños a través de sus principales protagonistas, no continuaremos profundizando esta revisión, para darle paso al siguiente capítulo.

Esperamos haberles proporcionado una ligera introducción histórica del fascinante análisis de los sueños.

CAPITULO II

MENTE Y CUERPO

Desde la antigüedad, diferentes teorías y estudios, han tratado de resolver el problema mente-cuerpo como entidades separadas o interaccionándolas como una unidad estructural y funcional.

No fué hasta la época de Platón, que la teoría fisiológica tomó importancia. Esta hipótesis nombrada "dualismo", plantea que la mente y el cuerpo son entidades separadas pero se interelacionan.

Históricamente han existido tres teorías, que han tratado de buscarle respuesta a la relación de la mente y el cuerpo. Como no es parte primordial de este estudio, solamente las señalaremos, para dejarlos con la idea de los diferentes puntos de vista que tanto han preocupado a los estudiosos de la materia :

1) La mente es un producto de la función del cuerpo (Fisiológico)

2) El cuerpo es un producto de la mente (Psicológico)

3) La mente y el cuerpo son entidades separadas, que se relacionan en una variedad de grados y mecanismos. (Cerebro y Comportamiento, Hugh Brown, 1982)

También existen diferentes teorías que relacionan el sueño con la estructura cerebral.

Hess (1954) identificó el tálamo como la región central del sueño. Por otra parte, Moruzzi (1954) en sus estudios con gatos describió un area del Puente (estructura metencefálica que conecta cerebro, cerebelo y las mitades de éste entre ellas) que cuando era extirpada, inducía a mantener los gatos despiertos, reduciendo el número de horas que dormian durante el día al 20 % en vez del 65% que era lo normal.

A pesar de ello, "aún no está clara la conexión entre las areas hipotalámicas, el Puente y la formación reticular, para producir los estados de conciencia e inconsciencia". (Hugh Brown(1982) Cerebro y Comportamiento.

EL ELECTROENCEFALOGRAMA

"La existencia de actividad eléctrica espontánea y contínua en el cerebro, fué descubierta en 1875 por Caton." (Cerebro y Comportamiento, Hugh Brown, 1982)

Años más tardes, (1924) un psiquiatra alemán llamado Hans Berger, demostró que esta actividad del cerebro señalada por Richard Caton, podía ser grabada en organismos intactos. Fué así que nació el electroencefalograma (EEG).

En el 1929, Berger publicó su descripción del electroencefalograma para estudiar la conciencia, afirmando lo siguiente: "En consecuencia, creo que he descubierto el Electroencefalograma del hombre y que lo revelo aquí por primera vez". (Actividad Eléctrica Cerebral, Hans Berger, 1929)

En el 1930 Berger escribió su segundo informe designando dos tipos de ondas con letras del alfabeto griego:

1) ONDAS ALFA. Las de mayor voltaje y menos frecuencia.

2) ONDAS BETA. Las de menos voltaje y mayor frecuencia.

Después de la muerte de Berger y Adolph Beck en Francia, la Escuela de Marsella aportó grandes avances en el campo de la epileptología. En el 1960 fué modernizada la tecnología de la electroencefalografía y en la actualidad el uso de los EEG se ha extendido por todas las naciones.

LAS ETAPAS DEL SUEÑO

Las etapas del sueño han sido ampliamente estudiadas y clasificadas. El sueño no es uniforme y se compone de cuatro diferentes fases, además de un movimiento rápido de los ojos, llamado REM.

Las horas del sueño varian de acuerdo a la situación individual de cada uno. Normalmente un sueño puede durar de 4 a 9 horas diarias y tener cinco o seis ciclos.

Fase I : Comienzo del sueño y su grado más superficial. La persona se puede despertar fácilmente.

Fase II : Sueño ligero.

Fase III : El grado profundo del sueño.

Fase IV : El grado más profundo del sueño.

Durante la fase III y IV se disminuye la actividad cardiaca y respiratoria al máximo, aunque su duración es relativamente corta. Con el tiempo, la duración de la fase IV desaparece y la persona se despierta fácilmente durante el ciclo nocturno.

Por último, agregaremos que en la fase III y IV es donde ocurre el sonambulismo.

Fase REM (Rápid Eye Movement). Movimiento rápido de los ojos. El sueño REM, generalmente ocurre después de los diferentes ciclos de la fase IV, aunque puede ocurrir en cualquier fase. El cerebro tiene una actividad alta durante el REM, sin embargo, el tono muscular se deprime en un grado superior al alcanzado en las fases III y IV. Los sueños generalmente se producen en el REM y en la fase III. Durante el REM es que pasamos la mayor parte del sueño, interrumpido a intervalos por la fase I del sueño ligero.

CAPITULO III

ANALISIS Y DISCUSION DE LOS SUEÑOS

En el capítulo I analizamos brevemente los diferentes enfoques que Artemidoro, Freud, Adler y Jung le dieron a la interpretación de los sueños.

Estos estudios pioneros han servido de base y estímulo a nuevos enfoques.

En nuestro análisis y discusión de los sueños coincidimos con algunos conceptos de estas teorías, primordialmente, con los expresados por la Gestalt alemana.

Reglas primordiales de la Interpretación Cognoscitiva de los Sueños:

1) El rechazo al uso del símbolo como una figura o imagen que representa el inconsciente a través del cual se analiza el sueño. Si usted sueña con una pistola no significa que soñó con un pene. Lo que el soñante observó en su sueño es exactamente lo que es. "It is what it is". 2) Afirmamos que la persona que sueña es la única autorizada para saber, por si misma, lo que significan sus sueños.

3) Que todas las partes del sueño están basadas en las experiencias individuales del soñante y reflejan la personalidad del que sueña.

4) Que el sueño generalmente está asociado con algún evento real o imaginado que sucedió la noche anterior al sueño y creó un estímulo que dió como respuesta lo soñado (E-R).

La Interpretación Cognoscitiva de los Sueños tiene como misión alejar del camino esotérico al soñante y liberarlo de prejuicios, cábalas y creencias dañinas que limiten su total funcionamiento.

Es importante clasificar por partes el sueño que hemos tenido, para encontrar las causas que lo motivaron.

En la Interpretación Cognoscitiva de los Sueños (ICS) hemos identificado cuatro tipos diferentes de sueño:

1) El Sueño Simple.

2) El Sueño Concatenado.

3) El Sueño Repetido.

4) El Sueño Orgánico.

Sueño Simple :

El Sueño simple se puede identificar como un sueño de Estímulo-Respuesta, sin ramificaciones (E-R).

La motivación consciente o inconsciente que la persona perciba el día anterior al sueño, estará relacionada con las experiencias individuales del soñante.

Por ejemplo, una persona escucha la noticia de alguien que murió en un accidente automovilístico (Estímulo). Como la persona no conoce la imagen del que murió, puede soñar con algún familiar o conocido, para reemplazar lo desconocido con una imagen conocida (Respuesta).

No se sueña con lo que no se conoce. El vacio de lo desconocido siempre lo llenamos con imágenes conocidas.

Sueño Concatenado:

El sueño concatenado es comúnmente llamado sueño empatado. Freud lo llamó "Resueño".

En el 1969, B. F. Skinner, propuso un estímulo básico seguido de la respuesta que motivaría un nuevo estímulo (E-R-E).

E----------------------R----------------------E

Estimulo Discriminativo Respuesta Manipulable Estimulo Contingente

Skinner pensaba que el estímulo contingente estaba determinado por lo que había sucedido en la respuesta. En otras palabras, la conducta es más propicia a recurrir si ha sido recompensada. Similarmente, una respuesta es menos propicia a repetirse si las consecuencias han sido adversas.

Durante un sueño simple una parte de lo soñado puede estimular un nuevo sueño al despertarse o incluso sin despertarse (E-R-E).

Por ejemplo, Después de haber visto en la noche un programa de televisión sobre la pesca (Estímulo), usted sueña que está pescando en la playa y captura un pez grande (Respuesta). Este sueño simple, puede activar sus experiencias pasadas y recordar cuando en el pasado se pinchó la mano con un anzuelo (Respuesta manipulable). El Nuevo estímulo crearía un nuevo sueño : El Sueño Concatenado (E-R-S-R).

El Sueño Repetido:

Este sueño tiene como base un estímulo significativo del pasado que continúa manifestándose en el presente.

Las experiencias primarias del niño serán determinantes en su personalidad futura.

Por ejemplo, si en la niñez una persona fué abusada por un familiar cercano, cada vez que escuche, vea o lea sobre el abuso de niños, sus experiencias pasadas le traerán el mismo sueño que viene soñando desde niño. Estos estímulos no siempre tendrán que ser desagradables para que se repita el mismo sueño.

4) El Sueño Orgánico:

El sueño orgánico no es común y se manifiesta cuando el soñante responde a un estímulo físico. (Estímulo Físico------Sueño).

Por ejemplo, una persona que está durmiendo y siente dolor en el pecho, puede este malestar estimular un sueño que se relacione con el dolor y soñar que lo golpean o hieren en el tórax.

El sueño orgánico más común, sucede, cuando la persona tiene deseos de orinar y sueña que está orinando. En muchos casos se orinan en la cama.

También puede ocurrir que estando dormidos nuestros genitales se estimulen por algun roce y soñemos con actividades sexuales que pudieran provocar erecciones e incluso orgasmos o eyaculaciones.

La sed y el hambre, también pueden incitar sueños relacionados con esos estímulos incondicionados. Recuerdo que estando en la prisión cubana de La Cabaña, casi no nos daban comida y el hambre golpeaba el estómago. En el silencio de la noche un preso soñando contaba panes. Un pan, dos panes, tres panes. ¡ Qué triste recuerdo!

CASOS ESTUDIADOS

Aclaramos que las personas que participaron en este longitudinal estudio lo han hecho voluntariamente y no han recibido pago alguno por su cooperación, la cual agradecemos ampliamente.

En las próximas páginas expondremos algunos de los Casos Estudiados que corroboraron la veracidad de la Interpretación Cognoscitiva de los Sueños. Para su fácil comprensión los simplificaremos en cuatro partes:

1) Los datos personales del participante.

2) El Estímulo que provocó el sueño.

3) La Respuesta (El sueño).

4) El Análisis de lo soñado.

Es importante aclarar que los Análisis de cada caso no están basados en la interpretación del autor, sino en las conclusiones del participante, de acuerdo con la Interpretación Cognoscitiva de los Sueños.

Narrando su sueño, el participante va obteniendo conocimiento del estímulo que provocó su percepción nocturna y esto le produce felicidad. Pierde el miedo a lo desconocido y entierra las creencias atávicas que le impiden el total funcionamiento de su desarrollo humano.

Para validar los resultados del presente estudio, lo hemos realizado con una población diferente en edad, raza y cultura. Los participantes han sido alternados para completar el estudio.

Finalmente, no queremos mistificar los sueños ni complicarlos con interpretaciones simbólicas. El soñador debe encontrar las raices de sus sueños, para conocer la realidad de lo soñado, sin necesidad de profetas y magos.

"Sólo los falsos profetas ambicionan llegar a ser profetas". Erich From, 1980.

CASOS ESTUDIADOS

Sexo : Masculino.

Edad : 52 años.

Raza : Blanca/Hispano.

(Estímulo)El participante recordó que en los dias anteriores al sueño había estado lloviendo casi diariamente. Esa noche estaba jugando dominó con unos amigos y se acordó de su niñez, cuando se bañaba en una pequeña laguna que se llenaba con la lluvia. Esto le trajo recuerdos de su niñez y de la finca donde nació.

(Respuesta) Esa noche soñó que estaba en la casa de sus padres y él se veía como un niño. Soñó que miraba por las hendijas de un baño rústico que había afuera de la casa. Adentro estaba una mujer desnuda, pero no la pudo identificar. El participante admitió que este sueño se le había repetido en múltiples ocasiones.

(Análisis) : Las conversaciones y recuerdos de la noche anterior al sueño le trajeron recuerdos de su infancia. La persona desnuda que no pudo identificar, probablemente, sólo la vió en sus fantasias. El sueño "repetido" seguirá repitiéndose hasta que no sea clarificado y asimilado por el soñante. La cognición del sueño las debe buscar en el estímulo que lo provocó y no en el inconsciente.

CASOS ESTUDIADOS

Edad : 16 años.

Sexo : masculino.

Raza : Blanca/Hispano.

(Estímulo) El participante recordó que la noche anterior al sueño estaba visitando su abuela y se entretuvo con los juegos de video de sus primos. Muchos de los juegos eran de super heroes dotados de poderes.

(Respuesta) El participante soñó que estaba huyendo porque alguien lo perseguía y de pronto, salió volando y escapó.

(Analisis) El participante pudo asociar su sueño con los videos que el había jugado en la casa de su abuela.

Tratar de darle una interpretación simbólica al sueño, asociándolo con un deseo reprimido en el inconsciente, como queriendo escapar de una situación, sería una ilusión irreal que no beneficiaría al soñante.

CASOS ESTUDIADOS

Sexo : Femenino.

Edad : 15 años.

Raza : Blanca/Angloamericana.

(Estímulo) La participante admitió que la noche anterior al sueño estaba conversando con su abuelo sobre un concurso de televisión que ambos estaban mirando. Durante los comerciales, el abuelo le contaba historias de su juventud, en las cuales tuvo que enfrentarse a situaciones difíciles.

(Respuesta) La participante soñó que alguien venía a su casa para robarles y el abuelo salió a enfrentarlos y los ladrones salieron huyendo. También soñó que venian muchas personas al portal de la casa a recoger regalos.

(Interpretación) La soñante pudo relacionar los cuentos del abuelo (Estímulo) con los ladrones que en su sueño venían a robarles (Respuesta). También relacionó el concurso de la televisión (Estímulo) con los que llegaron en el sueño a recoger regalos(Respuesta).

Pretender llenar de simbolismos este sueño prejuiciaría los resultados. La "cognición" de los estímulos que provocaron el sueño anula cualquiera interpretación cabalística y fantasiosa. El soñante le pierde el miedo a lo desconocido y lo acerca a una interpretación propia y realista, para analizar su propio sueño.

CASOS ESTUDIADOS

Edad : 17 años.

Sexo : Masculino.

Raza : Negra/Hispano.

(Estímulo) El participante recordó haber estado mirando películas pornográficas en el televisor, la noche anterior al sueño. Además admitió que núnca había tenido relaciones sexuales con una muchacha.

(Respuesta) El participante soñó que estaba teniendo relaciones sexuales con una mujer, pero no le veía la cara. Al despertarse trató de recordar el sueño y no pudo identificar a la compañera sexual.

(Análisis) El participante pudo asociar su sueño con la película pornográfica que estuvo mirando en el televisor, pero no pudo identificar la persona que estaba con él.

Tratar de simbolizar la interpretación de este sueño, especulando que la persona desconocida era un familiar cercano, le crearía al soñante angustia y remordimientos que lo alejarían de la realidad de lo soñado.

Cuando el soñante no identifica la otra persona, es porque no está en su experiencia pasada. Además, sus experiencias sexuales con una mujer no existen. El no puede soñar con alguien que no conoce.

CASOS ESTUDIADOS

Sexo : Femenino.

Edad : 63 años.

Raza : Blanca/Hispana.

(Estímulo) La participante afirmó haber estado mirando la televisión la noche anterior al sueño. Durante la sesión recordó haber escuchado en el noticiero que un asesino estaba matando a los estudiantes en "Gainesville".

(Respuesta) La participante soñó que una "guagua" venía choreando sangre porque alguien estaba asesinando a las personas que estaban adentro.

(Interpretación) La soñante no podía soñar con "Gainsville" porque núnca lo había visitado y reemplazó lo desconocido (Gainesville) por una imagen conocida (La guagua). Quizás también pudiera haber tenido asociada la guagua con algún evento de sangre. Tratar ahora de predecir el futuro o analizar los miedos o deseos inconscientes de la soñante, no debe corresponderle al terapeuta. La soñante es quien debe descubrir todas las partes de "su sueño" teniendo en su "cognición" el estímulo que lo motivó y las experiencias individuales que crearon el sueño.

CASOS ESTUDIADOS

Sexo : Femenino.

Edad : 29 años.

Raza : Blanca/Angloamericano.

(Estímulo) La participante recordó que el fín de semana anterior al sueño un familiar le había contado que cuando fué a un seminario de trabajo en Jacksonville, una persona negra lo había seguido para pedirle dinero. El le dió un dólar pero no se fué. Cada vez que miraba por el retrovisor del carro veía la cara de la persona mirándolo fijamente. Se alejó en el auto, pero al llegar al hotel, lo vió parado en el medio de la calle.

Al regresar a Miami le contó la historia a la participante y su esposo. Ella admite que se impresionó mucho con lo que le había sucedido a su familiar.

(Respuesta) La participante soñó que estaba en un lugar desconocido con el esposo y buscaban un hotel para dormir. Cuando encontraron el lugar vieron varias personas sospechosas en la recepción. Depués de acomodar las pertenencias en el cuarto el esposo quizo bajar para ver si su carro estaba bien cerrado. Se encontró con una persona negra con una AK 47 que lo atacó. Salió corriendo a refugiarse en el cuarto con la esposa y se despertó…

(Análisis) La participante no podía soñar con Jacksonville, porque no lo conocía. Por eso, soñó con un "lugar desconocido". Además, en esos días sucedieron muchos robos con AK 47 que a ella le atemorizaban. Principalmente, los casos en que asesinaron a las víctimas.

Aclaro, que los los análisis de estos sueños no se basan en mi interpretación, sino en la conexión estímulo-respuesta, que el participante descubre a través de la interpretación cognoscitiva. Los participantes son estimulados a recordar eventos recientes que los motivaron. Las similitudes entre el sueño y el estímulo brotan expontáneamente. El terapeuta es el Facilitador. El que sueña es el dueño de su sueño.

CASOS ESTUDIADOS

Sexo : Masculino.

Edad : 73 años.

Raza : Blanca/Hispano.

(Estímulo) El participante después de alguna resistencia recordó que la noche anterior al sueño había participado en una actividad con viejos amigos de su pueblo.

Uno de los amigos, al cual no veía por más de 50 años, se le acercó, y al abrazarlo, notó que al reirse tenía que hacer un esfuerzo bucal para que no se le cayera la dentadura postiza. La imagen se le grabó en la mente y por la noche lo comentó con su esposa.

(Respuesta) El participante soñó que sobre una mesa alguien había dejado una dentadura que se reia sola. Se asustó en el sueño y salió corriendo hasta llegar a la casa en que vivió cuando era un niño.

(Interpretación) Después de alguna resistencia el soñante pudo identificar la reunión que había tenido con su amigo la noche anterior al sueño. También recordó la impresión que le había causado la imagen de su amigo con la dentadura postiza moviéndosele.

Además, sus experiencias pasadas lo llevaron al hogar de su niñez, donde vivió con sus padres.

Una persona con ideas onirománticas pensaría que en el futuro algo malo le sucedería al soñante. El símbolo de la dentadura está asociado con la muerte. Como no aceptamos que el símbolo pueda predecir el futuro dejamos al soñante con la "cognición" del estímulo (La dentadura del amigo) y las experiencias individuales (La casa de su infancia) que proyectó en su sueño el refugio de sus miedos infantiles

CASOS ESTUDIADOS

Sexo : Masculino.

Edad : 16 años.

Raza : Blanca/Hispano.

(Estímulo) Durante el análisis del sueño, el participante recordó, que el día anterior al sueño había salido a pescar con un amigo que le prestó una vara "preciosa". El participante quería comprarse una parecida para colgarla en la pared de su cuarto.

(Respuesta) El participante soñó que había llegado a un parqueo de carros y todos tenían las puertas abiertas. En cada uno de los asientos habían 100. 00 dólares. El los cogió todos y fué a una tienda de equipos marinos y se compró una vara "preciosa".

(Análisis) El participante es un niño obsesionado con la pesca. Todos sus temas están relacionados con ese deporte. Indudablemente que el estímulo del día de pesca con el amigo y su vara lo motivaron. Tuvo un sueño simple con una estructura normal para su edad. Su experiencia de como obtener dinero no está en el trabajo. Su joven experiencia la tuvo una vez que se encontró 20. 00 dólares en la calle. La estructura del sueño es fantasiosa y consistente con su edad.

CASOS ESTUDIADOS

Sexo : Femenino.

Edad : 65 años.

Raza : Blanca/Hispana.

(Estímulo) Durante el análisis del sueño la participante recordó que en su trabajo un paciente se había hecho toda la dentadura de oro. Le sorprendió tanto, que al llegar a su casa lo comentó con su hija. Ella admitió que esto había sucedido la noche anterior al sueño.

(Respuesta) la participante soñó que se había encontrado un cofre con diferentes prendas y piezas de oro. Recordó que la pieza que más le llamó la atención fué una figura larga que tenía varias ventanitas que brillaban.

(Análisis) Al comienzo la participante no encontraba asociación con su sueño. Finalmente, recordó la impression que le había causado el paciente con todos sus dientes de oro. Por otro lado, ella admite que tiene fascinación por las prendas y el oro.

CASOS ESTUDIADOS

Sexo : Femenino.

Edad : 30 años.

Raza : Negra/Hispana.

(Estímulo) La participante durante la visita de una amiga estvo conversando sobre la boda glamorosa de unos artistas famosos. Las imágenes de la recepción nupcial las tuvo todo el día en su mente.

(Respuesta) Esa noche, la participante soñó en colores, con su propia boda y en la misma iglesia que se había casado.

(Interpretación) En pocos segundos la participante recordó su conversación con la amiga, sobre la boda de los artistas famosos. Sin embargo, ella no soñó con lo que había comentado con su amiga. Soñó con su propia boda que era la experiencia que ella conocía. Debemos entender que la persona no va a soñar exactamente con lo que lo motivó. El autor del sueño es uno mismo. Por lo tanto, el sueño será la obra del que sueña con sus propias experiencias. Una gran mayoría de las personas se sienten confundidas cuando sueñan con familiares que han muerto muchos años atrás. También cuando se ven ellos mismos como niños. Cuando se trata de enlazar el sueño con el estímulo de la noche anterior, cuesta trabajo asociar los eventos. El estímulo activa lo que tú conoces: Las experiencias personales. El libreto de tu sueño lo escribes tú y los personajes, tú también los escoges.

CASOS ESTUDIADOS

Sexo : Femenino.

Edad : 19 años.

Raza : Negra/Hispana.

(Estímulo) La participante recordó que el día anterior al sueño su hermana cumplía años de muerta, debido a un efisema pulmonar. También se quejaba del dolor de garganta que tenía, a causa de la faringitis aguda, que estaba padeciendo.

(Respuesta) la participante soñó que no podia tragar y se estaba ahogando. Quería pedir ayuda pero no podía gritar porque nadie la escuchaba.

(Análisis) La participante expresó que había podido asociar la experiencia de la muerte de su hermana ahogándose, con lo que había soñado. También el dolor de la faringitis se reflejó en el sueño con la imposibilidad de no poder gritar, ni tragar. Lo que la ayudó a catalogar su manifestación nocturna como un sueño orgánico.

CASOS ESTUDIADOS

Sexo : Masculino.

Edad : 59 años.

Raza : Blanca/Angloamericano.

(Estímulo) Durante la entrevista inicial un participante que dormía en la calle se quejaba de ansiedad y taquicardia. Afirmaba que las luces debajo del puente en que él vivía le enviaban rayos químicos para provocarle un infarto. También decía, que los alemanes eran expertos en exterminios masivos y el actor Arnold Schwarzenegger era alemán.

(Respuesta) Esa noche el participante soñó que unas luces con radioactividad lo perseguian y Schwarzenegger había venido a Miami para atacarlo a él, con armas mortíferas y rayos laser.

(Análisis) El participante padece de "Schizophrenia Paranoid Type'(SCPT) y por tanto, no puede separar el sueño de la realidad. Además, el sueño exacerbó las ideas paranoides y él las convirtió en delirio.

En la actualidad el participante está viviendo en un programa con servicios sociales y vivienda permanente.

Creo necesario enfatizar la importancia de la estructura y el contenido del sueño para ayudar a determinar un diagnóstico. No podemos confundir este análisis cognóscitivo con una interpretación simbólica. No estamos buscando en el subconsciente un símbolo.

La narración del sueño está llena de afirmaciones categóricas porque un paciente sicótico no duda. Está seguro que lo que soñó o percibió es real.

CASOS ESTUDIADOS

Sexo : Masculino.

Edad : 23.

Raza : Negra/Hispano.

(Estímulo) El participante después de mencionar varias situaciones que le ocurrieron la noche anterior al sueño, pudo recordar, que en la última semana tenía la presión muy alta y el médico le había cambiado la medicación. También mencionó que estaba muy nervioso porque tenía una molestia en el lado izquierdo del torax.

(Respuesta) El participante soñó que había comprado una prenda para su esposa y al salir de la joyería una persona lo atacó y apuñaleó en el pecho. Se despertó muy asustado con dolor en el pecho y se tomó la medicación.

(Análisis) El participante tuvo un sueño orgánico. Las raices de este sueño se encuentran en el dolor que el participante tenía en el pecho.

El organísmo a través del sueño le avisaba que algo andaba mal.

La cognición de lo desconocido tranquiliza. Un análisis subjetivo, de otra persona que no fuera el soñante, crearía una madeja de sentimientos encontrados que no llegaría a ninguna conclusión. El oscurantismo y el miedo, impiden el funcionamiento normal de la persona.

CASOS ESTUDIADOS

Sexo : Femenino.

Edad : 16 años.

Raza : Blanca/Angloamericana.

(Estímulo) Después de alguna resistencia la participante recordó que la noche anterior al sueño estaba hablando con su papá sobre un niño de su escuela que padece de "Touret Disorder." El niño siempre está haciendo ruidos y diciendo que él es el asesino de la famosa película de terror, "The Chain Saw Masacre".

También recordó que esa noche ella estaba mirando en el televisor la serie, "The American Most Wanted" y tenía miedo porque el padre no estaba en la casa.

(Respuesta) La participante soñó que estaba sola en la casa y un loco entró por la ventana con una sierra en la mano. El padre llegó corriendo y enfrentó al hombre y lo mató con la misma sierra que había traído.

(Análisis) El sueñó está estimulado por la serie de televisión "The American Most Wanted" que la participante estaba mirando la noche del sueño. Sin embargo, el estímulo de esa noche le recordó al niño de la escuela que decía ser el asesino de la sierra. Ella no soñó con los criminales del programa de televisión que estaba mirando. Soñó con su experiencia que está relacionada con el niño de su escuela.

CASOS ESTUDIADOS

Sexo : Masculino.

Edad : 30 años.

Raza : Negra/Hispano

(Estímulo) Durante el análisis de su sueño, el participante recordó que la noche anterior al sueño su hermana había sido hospitalizada debido a una gastritis aguda. Estaba muy nervioso y disgustado porque la farmacia tenía que encargar la medicación que ella necesitaba. Finalmente, consiguió las pastillas genéricas y pensaba llevárselas a su hermana al otro día.

(Respuesta) El participante soñó que su hermana estaba inconsciente en el suelo porque necesitaba medicación para un dolor que tenía en el vientre. El pensó que estaba muerta.

(Análisis) El sueño está motivado por la preocupación y culpabilidad que el participante tenía por su hermana. El también admitió que tenía una mala experiencia con un amigo de trabajo que murió de pancreatitis y él tuvo que llamar al 911 para que lo asistieran.

CASOS ESTUDIADOS

Sexo : Masculino

Sexo : Femenino.

Edad : 35 años.

Edad : 30 años.

Raza : Blanca/Hispano.

Raza : Blanca/Hispana.

(Estímulo) Una pareja que participó en el estudio comentaba que la noche anterior al sueño estaban disfrutando de la" luna de cosecha" junto al mar. En medio de la oscuridad de la noche apareció la luna con dos lucecitas cercanas a ella y decidieron tomarle una foto. Estando en la casa escucharon las noticias que informaban la proximidad de un meteorito y la caída de un avión en el techo de una mansión.

A pesar de ser una persona educada, la participante es una persona propensa a las fantasías, debido a una infancia traumática que le ocasionó miedos y ambivalencias, superadas en gran parte, por su educación profesional.

El novio más pragmático y centrado en la realidad, no le agradan las películas de ciencia ficción ni las fantasías. Prefiere las que se basan en hechos reales.

(Respuesta de la novia) La participante soñó (en colores)que unos meteoritos habían caído en el techo de la casa abriéndole huecos. También tuvo pesadillas soñando que un avión se había caido sobre la casa.

(Respuesta del novio) El participante soñó (en blanco y negro)que estaba manejando un convertible pequeño en medio de una noche oscura y lloviendo. Las luces de los carros no lo dejaban ver y su auto se había mojado todo por dentro. En realidad ellos tienen un carro pequeño que a él no le gusta.

En el sueño se quejaba de lo pequeño e incómodo que era su carro.

(Análisis) Observemos como la luna con sus destellos motivaron dos sueños diferentes para dos personalidades diferentes. En mi opinión tú piensas como tú sueñas y tú sueñas y piensas como tú eres. La estructura y contenido del sueño puede revelar el funcionamiento y la personalidad del que sueña. Incluso pudiera servir para detectar conductas anormales. Un psicótico no sueña como una persona normal. La edad, cultura, creencias y estado mental van a determinar la calidad del sueño. En el presente estudio participaron varias parejas y fué interesante observar como dos personas afínes, tienen sueños diferentes ante un mismo estímulo.

CASOS ESTUDIADOS

Edad : 35 años.

Sexo : Femenino.

Raza : Negra/Hispana.

(Estímulo) La participante recuerda haber estado muy nerviosa después del ataque a las dos Torres Gemelas en New York. También, la llamó un familiar, para decirle que una amistad se había caido del techo de la casa y lo habían hospitalizado.

(Respuesta) La participante soñó que estaban bombardeando su casa y salió corriendo con su familia para la casa de unos vecinos.

En el camino se encontró con varias personas muertas, entre las cuales, estaban los familiares de la persona que se había caido del techo.

(Análisis) El sueño está relacionado con los eventos sucedidos con el derribo de las Torres Gemelas en New York. Como la participante no conocía a ninguna de las personas muertas durante el ataque terrorista, los sustituyó por la familia amiga que si estaban en su memoria.

Tampoco conocía las Torres Gemelas y por eso las sustituyó por su casa, que si era una experiencia conocida, de acuerdo a lo expresado por la participante.

CASOS ESTUDIADOS

Edad : 48 años.

Sexo : Masculino.

Raza : Blanca/Angloamericano.

(Estímulo) El participante recordó haber leido en el Miami Herald que dos hispanos se habían hecho pasar por inspectores y entraron en una casa de Coral Gables y robaron joyas y dinero.

(Respuesta) El participante soñó que había salido a comer con su esposa y cuando regresó se encontró su casa destrozada. Se levantó nervioso y corrió a revisar las puertas y las ventanas.

(Análisis) El participante reconoció que los hechos ocurridos en Coral Gables habían motivado su sueño. Además, se acordó que cuando vivía en Jacksonville le robaron y le destrozaron la casa donde habitaba. Por esa razón se mudó a Miami. Indudablemente que las experiencias del participante estructuraron su percepción nocturna.

CASOS ESTUDIADOS

Edad : 38 años.

Sexo : Femenino.

Raza : Blanca/Angloamericana.

(Estímulo) la participante recordó que la noche anterior al sueño, comiendo en un restaurante de South Beach, se enteró de la violación y muerte de una turista extranjera. Ella estaba aterrorizada con lo que le habían contado.

La participante comentó que esa noche cerró bien todas las puertas de la casa. Sin embargo, demoró en dormirse porque los ruidos de los vecinos la molestaban.

(Respuesta) La participante soñó que estaban rompiendo las puertas y paredes de la casa y ella trataba de llamar la policia pero el teléfono no tenía comunicación.

(Analisis) La participante pudo asociar los sucesos de South Beach con su sueño. Además, comentó que estaba molesta porque el celular no tenía recepción y se había quejado con la compañia de teléfono.

En conclusión, la participante pudo conectar los ruidos de los vecinos, los sucesos de South Beach y los problemas de su celular con la estructura de su percepción nocturna.

CASOS ESTUDIADOS

Edad : 53 años.

Sexo : Femenino.

Raza : Blanca /Hispana.

(Estímulo) La participante padece de problemas mentales y está bajo medicación. Ella recordó haber visto una película extranjera en el televisor. No recordó el país en que sucedieron los hechos pero recordó que a una madre le habían quitado los hijos para llevárselos a otro país.

(Respuesta) Esa noche la participante soñó que su hija de 2 años (En la actualidad tiene 24 años) estaba bañándose en la piscina con el esposo de la mujer que la adoptó a ella.

El hombre estaba en calzoncillos y la niña en pantaloncitos. La participante corrió a sacarla del agua y llevársela, porque temía que él le hiciera algo.

(Análisis) La participante tiene una larga historia de abusos. El padre equizofrénico la molestó. El hermano quizo abusar de la otra hermana. Por esas razones fué a vivir a un "Foster Care". El esposo de la dueña del local la abusó sexualmente durante años. Con ayuda profesional, la participante pudo asociar su sueño con la película. Además, reconoció que estaba atemorizada con la representación de la madre que le quitaron los hijos para llevárselos a un país extranjero, porque ella tenía una experiencia similar. Comentó que su ex-esposo cargando a su hija de dos añós se estimuló. Ella lo reportó y ambos perdieron la custodia de la niña. El detonador que estimuló el sueño fué la pérdida de la custodia, según la participante. Además, el miedo al abuso sexual está en sus experiencias de niña abusada. El abuso sexual en los niños dura toda la vida.

CASOS ESTUDIADOS

Edad : 72 años.

Sexo : Femenino.

Raza : Blanca/Hispana.

(Estímulo) La participante admitió estar muy impresionada con la destrucción de "New Orleans" por el huracán Katrina.

Recordó las imágenes televisivas de los destrozos causados por el ciclón y no podia borrarlas de su mente.

(Respuesta) La participante soñó que un inmenso ciclón se había llevado el techo de su casa y ella gritaba buscando a su familia pero nadie la escuchaba porque no le salía la voz.

(Análisis) La participante después de narrar su sueño pudo conectarlo a su experiencia. Siendo muy joven una tormenta había destruido su casa. Se recordó que ella vivía en el campo con su familia y lo perdieron casi todo, incluyendo los animales. También agregó que ella tenía la voz tomada debido a la gripe y eso podía ser la causa de que nadie la escuchaba en su sueño.

CASOS ESTUDIADOS

Edad : 18 años.

Sexo : Masculino.

Raza : Blanco/Hispano.

(Estímulo) El participante se demoró en recordar que el día anterior al sueño había tenido una cita con su médico, debido a una faringitis aguda que estaba padeciendo. Allí se encontró con un hombre joven cuadriplejico que manejaba su silla eléctrica de ruedas con la boca, debido a su incapacidad de mobilidad. Esto lo impresionó mucho.

(Respuesta) El participante soñó que se había caido y no podía caminar. Gritaba y nadie le hacía caso. Trataba de caminar y no avanzaba. Todos pasaban frente a él ignorándolo. Al despertarse estaba muy nervioso y sudando.

(Análisis) Soñar que no podemos hablar o que no podemos caminar. Soñar que volamos o soñar que nadie nos escucha, son sueños fantasiosos, característicos de la juventud, aunque pueden ocurrir en cualquiera edad. Al final, el participante pudo conectar su estímulo (La persona atada a la silla de ruedas) con su sueño. Además, asoció su faringitis con su incapacida de hablar. Buscar simbolísmos para analizar este sueño falsearía su interpretación. No hay mensajes ocultos, ni deseos reprimidos en el inconsciente. No hay que agregarle al sueño lo que no tiene, ni necesita. Basta con la causa (E) y el efecto(R).

CASOS ESTUDIADOS

Sexo : Femenino.

Edad : 42 años.

Raza : Blanca/Angloamericana.

Hemos dejado este caso para último, para analizarlo ampliamente y demostrar el daño que le pueden hacer al desarrollo humano algunas creencias arcáicas.

La participante creía que lo que soñaba le sucedería. Pensaba que cuando tenía un presentimiento negativo era porque algo malo le pasaría. El presente estudio la seleccionó a ella para desmitificar estas creencias.

Recuerdo que me llamó un día para decirme que lo que había soñado le había sucedido.

Cuando analizamos el sueño ella aceptó que no tenía nada que ver con la realidad de lo sucedido. Sus creencias dogmáticas desvirtuaban el hecho para adaptarlo al sueño. En otra oportunidad un familiar suyo murió y ella argumentaba que lo había soñado.

La realidad es que el familiar era una persona bien mayor y enferma. Todos los familiares estaban preocupados con la anciana y pensaban que podía morir. La participante no recordaba las veces que soñó que la anciana moriría y no murió. Por la ley de probabilidades un día sucederá y quizas lo sueñe.

Existe un refrán que dice lo siguiente:"Todos los golpes van para el dedo malo. "

Tampoco es cierto. Usted tiene dos manos y diez dedos. Cuando se golpea en los dedos sanos, no se acuerda, porque no le duele. Un día, después de varios golpes en los dedos sanos se lastima el dedo enfermo y exclama airado que todos los golpes van para el dedo enfermo.

La participante afirmaba que cuando tenía un pensamiento negativo permanecia en la casa, por temor a que las cosas le salieran mal. Si la necesidad la obligaba a salir, las cosas no le salian bien, porque actuaba negativamente y por ende, los resultados también eran negativos. No estamos criticándo a las religiones o creencias. La espiritualidad ayuda a crecer el ser humano. Sin embargo, existen religiones y creencias que paralizan al hombre. En conclusión, podemos decir que una religión no es buena cuando incapacita el funcionamiento normal de la persona.

Por ejemplo, usted no sale a la calle ni trabaja porque algo le dice que no debe hacerlo.

Usted no quiere ir al trabajo porque le echaron brujería.

Usted soñó que algo que lo atemorizó y cancela todas sus actividades.

Usted termina una relación porque la simbología, los presentimientos, o las predicciones le dicen que debía hacerlo.

En general, cuando usted deja de funcionar, usted está enfermo. "El que no puede amar o trabajar está enfermo".

El pensamiento mágico es primitivo y perjudica el desarrollo humano y la prosperidad de las naciones. Estados Unidos es un país creyente, pero próspero, porque sus religiones no lo atan a fetichismos.

Todo lo contrario sucede con Haiti y la mayoría de los países africanos que continúan en el subdesarrollo, no por lo que los racistas dicen, sinó por sus creencias milenarias que los mantienen encerrados en cavernas oscuras.

También sucede lo mismo con el Medio Oriente, donde los extremistas religiosos, atados a creencias ancestrales siguen enfrascados en eternas guerras fraticidas.

Cuando el racionamiento lógico está obstruido por miedos anacrónicos el desarrollo humano se paraliza. Creer que el color de la piel es la causa del fracaso de esas naciones es una estúpidez y una teoría racista.

Nos hemos extendidos en este caso por la importancia que tiene. Las ataduras mentales oprimen más que las ataduras físicas. No sigamos los malos ejemplos, como el de esta participante, que perdió su trabajo por sus falsas creencias.

"EL INCONSCIENTE DESCONOCIDO
E INACCESIBLE DE FREUD,
NO EXISTE".

GERARDO RODRIGUEZ-CAPOTE

CONCLUSION

La interpretación de los sueños solamente debe ser estudiada sobre una base científica. Núnca sobre deducciones cabalísticas y metafísicas.

Los sueños no pueden predecir el futuro, pero su contenido y estructura pudieran dibujar la personalidad y el estado mental del soñante.

El símbolo es un instrumento obsoleto que debe ser desechado como una herramienta para descifrar los sueños, porque prejuicia los resultados con las creencias, miedos y deseos del terapista. Lo que es, es lo que es (It is what it is). El que sueña es el dueño de su sueño. El es quién debe interpretarlo. El terapeuta es solamente el Facilitador.

Las motivaciones que se perciban en los días anteriores al sueño, estarán relacionadas con las experiencias individuales del soñante.

Lo que piensa el soñante cuando está despierto, corresponderá con su personalidad y con lo que sueña cuando está dormido. El jesuita Teilhard de Chardin afirmaba que en los sueños proyectamos nuestra personalidad, con sus grandezas y miserias.

Las experiencias individuales de cada persona, son como sus huellas digitales, únicas.   freudiano no existe. Es algo creado para justificar conductas humanas injustificables. Tus experiencias pasadas si existen y son ellas las que dibujan tu personalidad en la tabula rasa.

El cúmulo de tus experiencias están agrupadas en tu conciencia. Tú las conoces y tú las reprimes o las expresas cuando tú lo deseas, sin la ayuda de nadie. Entonces, ¿cómo podemos afirmar que los fenómenos psíquicos actúan sobre la conducta sin control de la conciencia?

Tus sueños son similares a tus actitudes y caracteristicas personales:

Los deprimidos soñarán con fracasos, fallos en su conducta, rechazo y culpa.

Los iracundos soñarán con venganza, ira, odio y agresividad.

Los inseguros soñarán que algo malo les sucederá y tendrán pesadillas.

Las personas creativas utilizarán los sueños para moldear sus creaciones. Recuerdo a un amigo (exitoso industrial) que escribía sus fórmulas dormitando en un "chaise-lounge". De estos sueños súrgieron múltiples productos. El más conocido el Bijol y Espiga de Teresita.

También es importante comprender, que no podemos soñar con algo que no conocemos. La mente humana no soporta lo desconocido y llena ese vacío con una imagen, que en la mayoría de los casos, no coincide con la realidad.

Por ejemplo, cuando escuchamos la voz de un locutor por el radio, nos imaginamos como es en persona. Generalmente, nuestra percepción no coincide con la realidad.

Detrás de cada objeto que conocemos hay una imagen. Cuando no existe la imagen la inventamos para llenar ese vacío. A Cristo lo identificamos con una figura humana, pero el Espíritu Santo es difícil imaginárselo, porque no es humano y por eso lo identificamos con una paloma. Con imágenes conocidas llenamos el vacio de lo desconocido.

Pudieramos escribir varios capítulos señalando visualizaciones de objetos que núnca hemos visto. Por eso, cuando soñamos con un lugar o persona que no conocemos, lo sustituimos por un objeto conocido.

En los casos estudiados pudimos corroborarlo. Recordemos a la participante que no conocía Gainesville y lo sustituyó en su sueño por una "guagua", que era para ella, un objeto conocido. La participante no podia encontrar el estímulo que provocó su sueño. Al final, pudo conectar el sueño con las causas que lo provocaron (Estímulo-Respuesta).

Al ser humano siempre le ha preocupado lo desconocido porque le crea ansiedad y temor. Guiándonos por la luz que iluminó el camino del sueño, eliminaremos el pozo oscuro del subjetivismo, que pretende predecir el futuro. Mostrándo el origen del sueño eliminamos las dudas y clarificamos su naturaleza sencilla y sin ramificaciones. Nuestra misión principal es eliminar las barreras que le impiden al ser humano lograr su crecimiento.

Coincido con Carl Jung (1978) quien rechazó la idea de que los sueños surgen debido a conflictos internos y que pueden predecir el futuro.

No angustiemos al soñador con interpretaciones símbolicas sin fundamento alguno. Busquemos las causas que motivaron el sueño (E-R) y no lo asociemos con nuestros miedos y deseos ocultos en un "inconsciente" irreal. Por las raices del arbol llegarás a su fruto.

"SOLO LOS FALSOS PROFETAS
AMBICIONAN LLEGAR
A SER PROFETAS".

ERICH FROM

CAPITULO IV

METODOLOGIA DE LA INTERPRETACION COGNOSCITIVA DE LOS SUEÑOS

La Interpretación Cognoscitiva de los Sueños, debe ser interpretada, únicamente por el soñante. Un profesional entrenado en esta materia puede orientar al soñante a encontrar las respuestas a su sueño.

Cuando encontramos las respuestas de lo que soñamos nos llenamos de una gran satisfacción y bienestar. Todo aprendizaje incrementa nuestra estima. Soñamos todos los días, pero en la mayoría de los casos no recordamos lo que soñamos. Es un error pensar que no soñamos.

Cuando queremos estudiar un sueño, lo primero que debemos hacer, es recordarlo. Según Freud, no recordamos los sueños porque los reprimimos. Nuevas teorías plantean que nuestros cerebros poseen un mecanismo que les permite olvidar los sueños.

Las personas mentalmente sanas pueden separar sus sueños de la realidad. Los psicóticos no pueden diferenciar sus sueños de la realidad y lo convierten en delirio.

A continuación, los pasos a seguir para analizar nuestros sueños, de acuerdo a la Interpretación Cognoscitiva de los Sueños.

1) Al despertarnos debemos repetir el sueño mentalmente, para editarlo en nuestra memoria, como si fuera una proyección cinematográfica.

2) Activemos el sueño relatándolo en primera persona y en presente, como si estuviera pasando en ese momento.

3) Debemos descomponer el sueño en todas sus partes para analizar sus proyecciones y poderlas integrar en el conjunto de lo soñado.

4) Recordemos algún evento o pensamiento que nos estimuló (positivamente o negativamente) las noches anteriores al sueño. Es probable también, que las preocupaciones o motivaciones que tenemos se reflejen en nuestros sueños.

5) Identifiquemos el estímulo que provocó nuestro sueño.

6) Identifiquemos la asociación de nuestra experiencia individual, con el estímulo que motivó el sueño, hasta comprender lo que hemos soñado(Insight).

Siguiendo estos pasos, lograremos entender el significado de los sueños. Dejar que otros interpreten nuestras creaciones nocturnas, pudiera crearnos ansiedad y miedos. Peor aún sería, que un sicofante inescrupoloso, jugara con nuestros sentimientos para lucrar con nuestros miedos y deseos. El pintor y el poeta interpretarán su obra mejor que nosotros. Con los sueños sucede lo mismo.

Al final, podremos ver que los sueños son una función natural del organismo que no predice el futuro, ni daña al ser humano.

Lo que sueñes no sucederá. No hay mensajes, cábalas, ni teorias oscurantistas y tenebrosas que te puedan controlar.

Si estando alerta nuestra mente está llena de pensamientos, que generalmente, núnca ocurren, ¿cómo es posible que estando dormidos nuestros sueños tengan el poder de controlarte y predecir tu futuro?

El inconsciente desconocido e inaccessible de Freud, no existe. Lo que existe, son tus experiencias pasadas y tú las conoces. Unas están más superficiales que otras y tú lo sabes porque tú las vivistes.

Utilizar el símbolo u otro mecanismo para "interpretar" los sueños, no nos proporciona ningún beneficio. Todas las "interpretaciones" que hagamos después de conocer las raices del sueño serán fantasiosas. No llenemos nuestra curiosidad con ideas metafísicas e irreales. Ni dejes que otros simbolicen tus deseos o miedos con especulaciones esotéricas. Para que quieres crear cuentos de hadas y diablos que no existen. Ya conoces la causa y efecto de tus sueños lo demás sobra.

"LAS RAICES DE UN SUEÑO,
NO ESTAN EN EL INCONSCIENTE,
SINO, EN EL ESTIMULO
QUE LO PROVOCO".

GERARDO RODRIGUEZ-CAPOTE

REFERENCIAS

Adler, Alfred   (1927) "Conocimiento del Hombre"

Asler, Alfred   (1931) "Psicología Individual y Psicoanálisis"

Adler, Alfred   (1933) "El Sentido de la Vida"

Adler, Alfred   (1934) "Interpretación Teleonalítica"

Berger, Hans   (1929) "Actividad Eléctrica Cerebral"

Freud, Sigmund   (1948) "Obras Completas"

Freud, Sigmund   (1948) "La interpretación de los Sueños

Freud, Sigmund   (1914) "The psychopathology of Everyday Life"

From, Erich   (1980) "Sobre La Desobediencia

Hugh, Brown   (1982) "Cerebro y comportamiento"

Jacobi, Jolande   (1974) "C. G. Jung Dreams"

Jung, C. G   (1978) "Teoría del Psicoanálisis"

Jung, C, G,   (1910) "Recuerdos, Sueños, pensamientos"

Onironautas	(1911) "Artemidoro de Daldis, el Oniromante de la Antiguedad
Perls, Fritz	(1983) "Sueños y Existencia"
Skinner, B. F.	(1969) "Contingencies of Reinforcement"
Editorial Regina	(1966) "La Sagrada Biblia"
Trebol	(1996) "Dicccionario Enciclopédico"
Wikipendia	(2013) "La Enciclopedia Libre"

APENDICE

Sonambulismo: El acto de caminar semiconsciente durante el sueño sin darse cuenta. Generalmente ocurre en las fases 3 y 4 del ciclo del sueño.

Hipersomnia: Aumento del patrón normal de sueño de una persona, aproximadamenteen un 25%. Puede indicar indicios de enfermedades graves.

Narcolepsia: Manifestaciones momentaneas sin pérdida de la conciencia. Pueden experimentar debilidad en las extremidades y caerse. También pueden producirse episodios esporádicos de parálisis del sueño en las cuales la persona al despertarse es incapaz de moverse.

Somniloquia: Hablar dormido o emitir sonidos ininteligibles durante el sueño. No es enfermedad y no existe tratamiento especifico para resolver el problema.

Acatisia: Movimiento espontáneo e incontrolable de las piernas antes de dormirse. Generalmente ocurre en las personas mayores de 50 años.

Bruxismo : Rechinar los dientes intensamente durante el sueño. Generalmente ocurre en los adultos.

Apnea: Trastornos graves de la respiración durante el sueño manifestada por ronquidos intensos o jadeos, con sobresaltos al despertar que producen ahogo y cansancio diurno.

Analogía Inversa : Inversión del significado analógico. Por ejemplo: La muerte puede significar vida. Lo dulce puede significar algo amargo. Esto sucede mucho con las personas neuróticas.

Ley de Numerología: Los números tienen significado filosófico y onírico. Sus reglas cabalísticas se utilizan para predecir el futuro. Los pacientes psicóticos utilizan estas reglas, en muchos casos, para llegar a conclusiones que alimentan sus miedos.

DSM-IV : Manual de los diagnósticos mentales.

Onírico: Perteneciente o relativo a los sueños.

Estímulo : Algún evento mental o interno que provoque o estimule un organismo debido a un incentivo (Pavlov)

Insight: Un término usado por el Psicólogo de la Gestalt Wolfgang Kohler (1925) para resolver un problema de una manera inteligente. Conocimiento de la enfermedad que tenemos.

Estudio longitudinal: Una investigación, de un largo periodo de tiempo, que envuelve repetidas observaciones de las mismas variables.

Homeless : Desamparado.

Tabula rasa: Una tablilla en blanco, sin escribir.

Gestalt : Teoría alemana de aprendizaje.

Símbolo: Cosa que se toma como representación de otra.

LA NUMEROLOGIA BIBLICA

Para la numerología bíblica los números del uno al diez tienen un significado simbólico. Su interpretación es amplia pero la simplificamos para su conocimiento y no para su estudio.

El número :

1) Significa: El símbolo de la unidad.

2) Significa: División y separación.

3) Significa: Unión, aprobación y consumación.

4) Significa: El número de la creación.

5) Significa: La Gracia de Dios.

6) Significa: Falta, imperfección (El número del hombre).

7) Significa: Plenitud, perfección y lo completo de Dios.

8) Significa: Un Nuevo comienzo.

9) Significa: Juicio y finalidad.

10) Significa: La perfección de la orden divina y la responsabilidad humana.

En un análisis sencillo de la numerología bíblica, podemos notar que su interpretación, está basada en los evangelios de la Biblia, aunque no tienen nada que ver con la interpretación judeo-cristiana de las Sagradas Escrituras. Observemos que el número 6 está asociado con la creación del hombre y la obra de Dios sin terminar.

El número 7 está asociado con los días que se necesitó para la creación y está asociado con la perfección y la obra de Dios completada. Con los siguientes números sucede lo mismo.

Como hemos observado, la numerología biblica no es más que una interpretación simbólica de los pasajes biblicos sin bases cientificas.

Podemos agregar que muchos psicóticos utilizan la numerología para alimentar sus delirios.